The Laddie, the Mowdie, the Tod and the Cuddie

The Animatit Story

This buik is dedicatit
tae you, the reader.
Aye mind ye maitter,
and ye bring tae this warld
things naebody else can.

THE LADDIE, THE MOWDIE, THE TOD AND THE CUDDIE

THE ANIMATIT STORY

Charlie Mackesy

Luath Press Limited

Hellawrer

I hope ye're daein fine, whaurever ye are in the warld. A wee while syne, I scrievit a buik — which wisnae hauf a surprise for I'm nae guid at readin them.

It's aboot a laddie, a mowdie, a tod and a cuddie. The laddie is lanely, loast and is fu o questions, when he first meets the mowdie.
The mowdie is in love wi cake.
The tod hauds his wheesht and is blate because his life has been a sair fecht.
The cuddie is the maist muckle craitur they've ever seen, but the canniest, forby.

They spend time thegither in an adventur in the hielans. Tae tell ye the truth, I didnae ken hoo the buik wid be received, but the surprise and wunner o it aw wis that some folk liked it.

Sae we decidit tae mak a film inspired by the buik. The journey o animatin the characters and bringin them tae life has been an adventur I never imagined I'd hae. The braw talentit folk I warked wi were awfie kind as I wis completely oot ma depth.

But in the end we did it. 🎂🧝
And sae here we are. This is the buik o the film we made. I hope ye enjoy it and it encourages ye somewey — mibbe even lifts ye or minds ye o the film if ye've seen it. And if ye havenae seen it, I hope ye like the buik onywey.

Thank ye and muckle love tae ye.

Charlie x

"Hellawrerr".

"Awricht," said the laddie.

"Whit are ye daein here?" spiered the mowdie.

"I'm loast," said the laddie.

"Och naw, weel, that's nae guid."

"Sae... hoo did ye get here?" spiered the mowdie.

"weel ... hellawrerr."

"Hellawrerr wha?"

"Hellawrerr cake."

"Whit cake?"
spiered the laddie.

"Yon cake! It looks smashin, mooth-watterin! I mean it's... it's mairvellous!"

"I cannae see a cake," said the laddie.

"It's... it's..."

"Och...

It's a tree."

"It is a bonnie tree and it did look a wee bit like a cake."

"Sae, aye, weel, nae cake, and you're loast."

"Aye."

"An auld mowdie wance telt me, when ye're loast, follae the river, and it will tak ye hame."

"And, if ye see a cake while ye're up there, gie's a shout..."

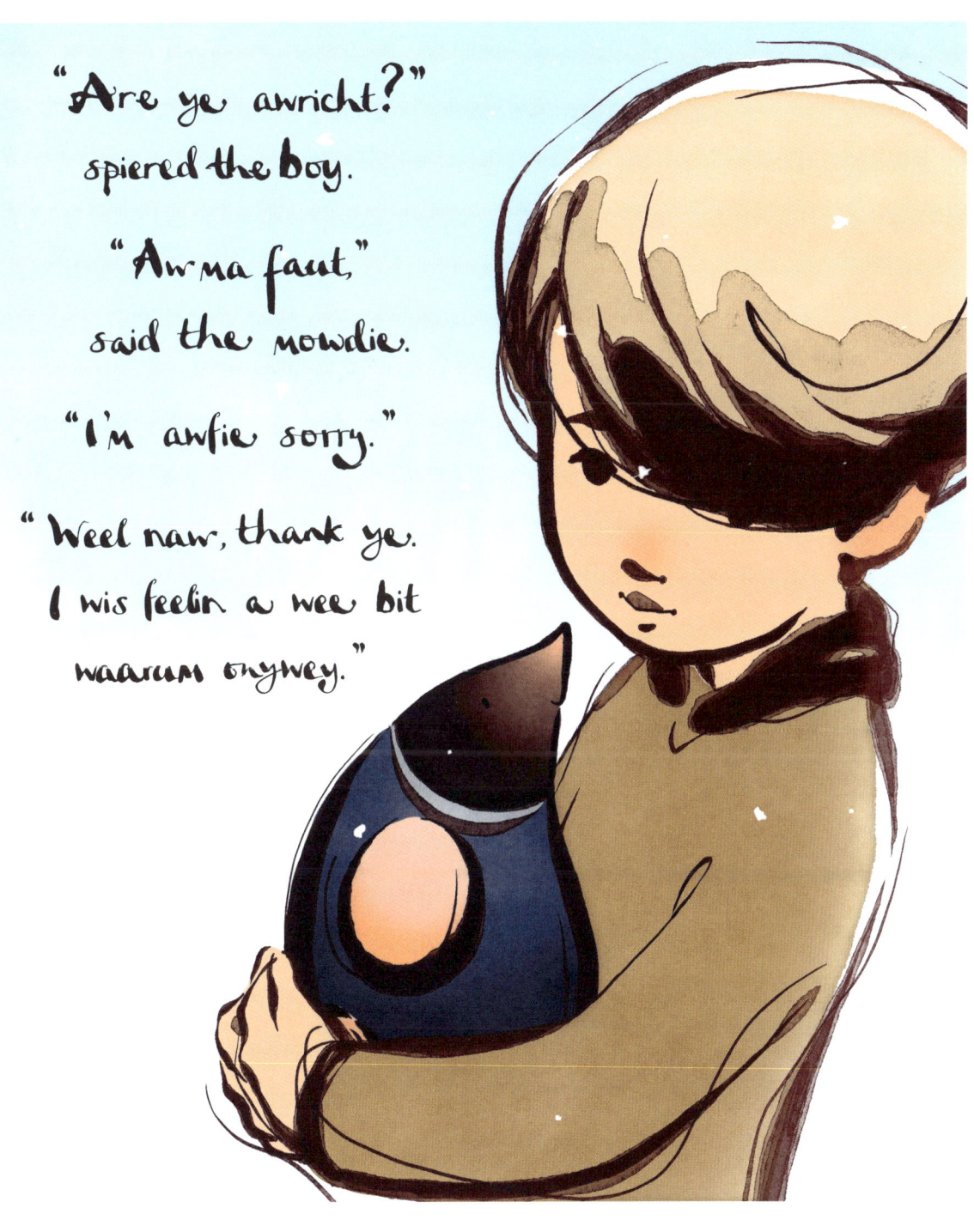

"Whit can ye see?" said the mowdie.

"No muckle."

"Och."

"Kind," said the laddie.

"Mmm," said the mowdie.

"Nothin cowps kindness. It sits quietly ayont aw things."

"Aw that beauty
and we hae tae look efter it,"
said the mowdie.

"Aye, we dae."

"Dooft!"

"Are ye awricht?"

"Och aye Jock Mackay —
Jist thocht we should stert
lookin for yon river."

"Clootie dumplins, this is some brae this."

"Is this a wee bit better?" spiered the laddie.

"Weel, I dinnae want tae be a bother."

"It's awricht."

"Weel, thank ye."

"Whit's that ower there?"

"It's the hielans," said the mowdie. "Dinnae be feart."

"Here ... haud on?
... I said dinnae be feart,
no chairge in heidfirst!
In the name o the Wee Man."

"Dae ye hae a favourite saw?" spiered the laddie.

"Aye," said the mowdie.

"Whit is it?"

"If at first ye dinnae succeed, get tore intae a daud o cake."

"Soonds guid. Does it wark?"

"Hooch aye."

"Did the auld mowdie tell ye which wey we should gang?" spired the laddie.

"I didnae spier her that."

"Och."

"Ken whit's weird, we can ainly see oor ootsides but jist aboot awthin happens on the inside."

"Is there somethin oot there?"
spiered the laddie.
"It's daurk gettin."

"Shall we no, um...?"

"Guid idea."

"We can get gaun
properly the morra,"
said the mowdie.

"Imagine whit like we'd be if we werenae sae feart," said the laddie.

"Maist o the auld mowdies I ken wish they hadnae listened as muckle tae their fears and listened mair tae their dreams," reponed the mowdie.

"Whit dae you dream aboot?"

"Hame," said the laddie.

"Och, whit's that like?"

"I dinnae ken. I'm no sure."

"Mmm."

"But, I ken I need ane."

"Help ma boab."

"He looks gey hungry,"
said the mowdie.

"He dis."

"It's awricht.
The tod's awa,"
said the laddie.

"Whit wis that soond??" spiered the laddie.
"I dinnae ken."

"Dae ye think somebody is hurtit?"
"Mibbe."
"Should we gang and find oot?"

"Guid idea, I'll coorie in here tae keep ye waarum."

"Awricht," said the laddie "Thank ye."

"It's the tod,"
said the laddie.
"His fit's in a trap."

"Och naw," whuspered the mowdie.

"Please caw canny," said the laddie.

"I'm no feart, I'm no feart,

I'm no feart," said the mowdie.

"If I wisnae sneckit in this snare,
I'd kill ye," said the tod.

"If you stey in yon snare,
ye'll... dee," said the mowdie.

Sae the mowdie chawed through the wire wi his tottie wee teeth.

"Ane o oor greatest freedoms is hoo we react tae things," said the mowdie.

"Haw, whit a braw mornin!"
said the mowdie.
"Ready tae get gaun?"

"Jings! Ye're heelstergowdie," the laddie cried oot. "Ye look like a snawbaw, naw a mowdiebaw. Naw, a snaw mowdie ... stap birlin!"

"In the name o the wee man!"
said the mowdie.

"Haw, watch yersel, the river. Look oot!"

"Thank ye,"
said the mowdie.

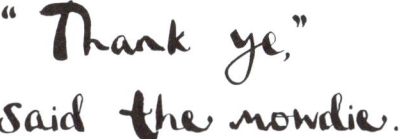

"Thank ye," said the laddie.

"Och, there's yon tod again. Dae ye think he's comin wi us?" spiered the laddie.

"Och, I hope sae."

"Mibbe he's loast and aw."

"Weel I think awbody feels a bittie loast noo and then," said the mowdie. "I ken I dae."

"Hellawrerr."

"Hiv ye been here lang?" spiered the laddie.

"It feels that wey," said the cuddie.

"Are ye loast?"

"Naw."

"We are," said the mowdie, "but we...hae a plan."

"Haw, see the snaw on thae trees —
it looks jist like icin',"
said the mowdie.

"You're cake-daft!"

"Daein nothin wi freends
is never daein nothin, eh no?"
said the laddie.

"Naw," said the mowdie.

"I'm that wee," said the mowdie.

"I ken," reponed the laddie,
"but ye mak a muckle big difference."

"Sae, whit are we daein?" spiered the cuddie.

"We're on a lang journey lookin for muckle big dauds o cake," said the mowdie.

"Is that richt?"

"Naw, no really. We're follaein the river tae find a hame."

"Hoo faur is it?"

"We ...dinnae ken," said the laddie.

"Weel, let's no hing aboot then."

"Ye fell aff...
but I've got ye noo."

"Sorry," said the laddie.

"It wis a mishanter," said the mowdie.

"It's ma faut. I wisnae on richt," said the laddie. "Och, I'm awfie, awfie, sorry."

"Dinnae fash yersel," said the cuddie.

"Tears faw for a reason and they are yer strength no yer weakness."

"Whiles I think ye believe in me mair than I dae masel." said the laddie.

"Ye'll catch up."

"Haw! Lichts!
That looks like a hame."

"Aye, it doesnae hauf, eh no?"
said the mowdie.

"The tod doesnae say muckle,"
whuspered the laddie.

"Naw. And it's braw that he's wi us,"
said the cuddie.

"Tae be honest, I aften feel I dinnae hae onythin interestin tae say," said the tod.

"Bein honest is ayewis interestin," said the cuddie.

"Whit's the bravest thing ye ever said?" spiered the laddie.

"Help," said the cuddie.

"Whiles I want tae say …
I love ye aw," said the mowdie,
"but I find it a trauchle."

"Dae ye?" said the laddie.

"Aye, sae I say somethin like,
I'm gled we're aw here."

"OK," said the laddie.

"I'm gled we're aw here,"
said the mowdie.

"We're awfie gled you're here and aw."

"Whit are we gonnae dae?" spiered the laddie.
"I didnae like the soond o that."

"When the muckle things feel oot o control ...

... focus on whit ye love richt unner yer neb," said the cuddie.

"This storm will blow awa."

" Och naw, whaur are thae lichts?
I cannae see them onymair."

" It feels like we hae sic
a lang wey tae go."

"Aye," said the cuddie, "but look hoo faur we've cam."

"I jist dinnae think I can dae this," said the laddie. "I am never gonnae find a hame."

"Ye ken," said the tod, "whiles yer mind plays pliskies on ye. It can tell ye that ye're haunless, that there's nae hope..."

"...But I hae discovert this – ye are loved and ye're important and ye bring tae this warld things naebody else can. Sae dinnae gie up."

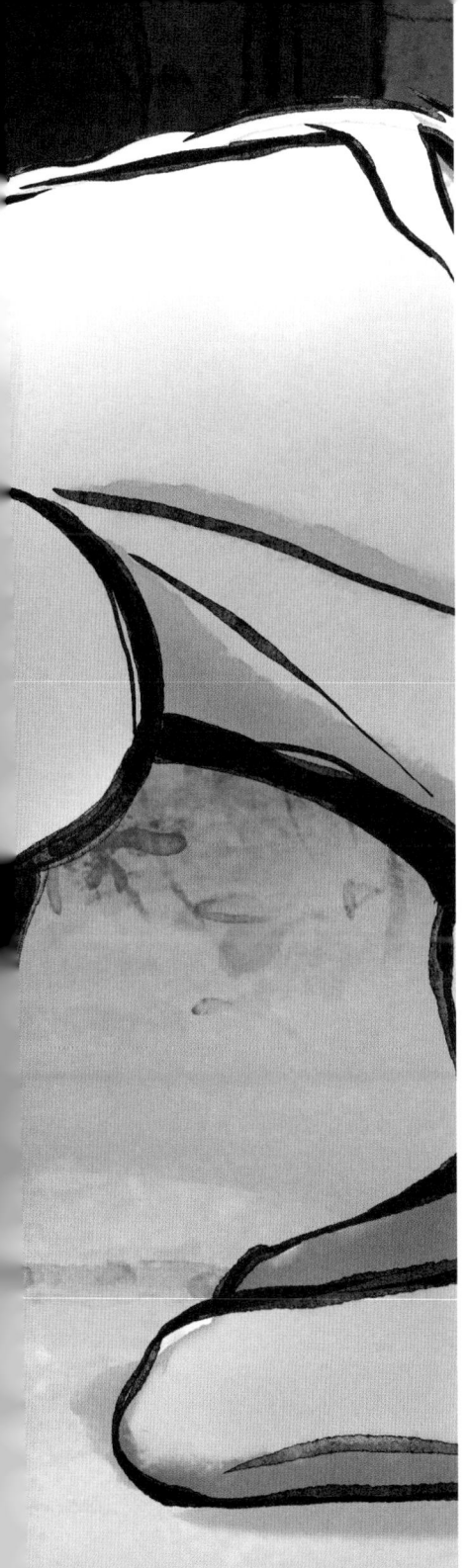

"Whit's wrang?" spiered the laddie.

"There's somethin I havenae telt ye," said the cuddie.

"Whit?"

"I can flee."

"Ye can flee?"

"Aye, but I stapped because aw the ither cuddies were bealin."

"Weel, we love ye, whither ye can flee or no."

"C'moan and jine us,"
said the laddie.

"Naw, I think I'll stey doon
here on the groond,"
said the tod. "Thanks onywey."

"Gonnae come wi us, please?"

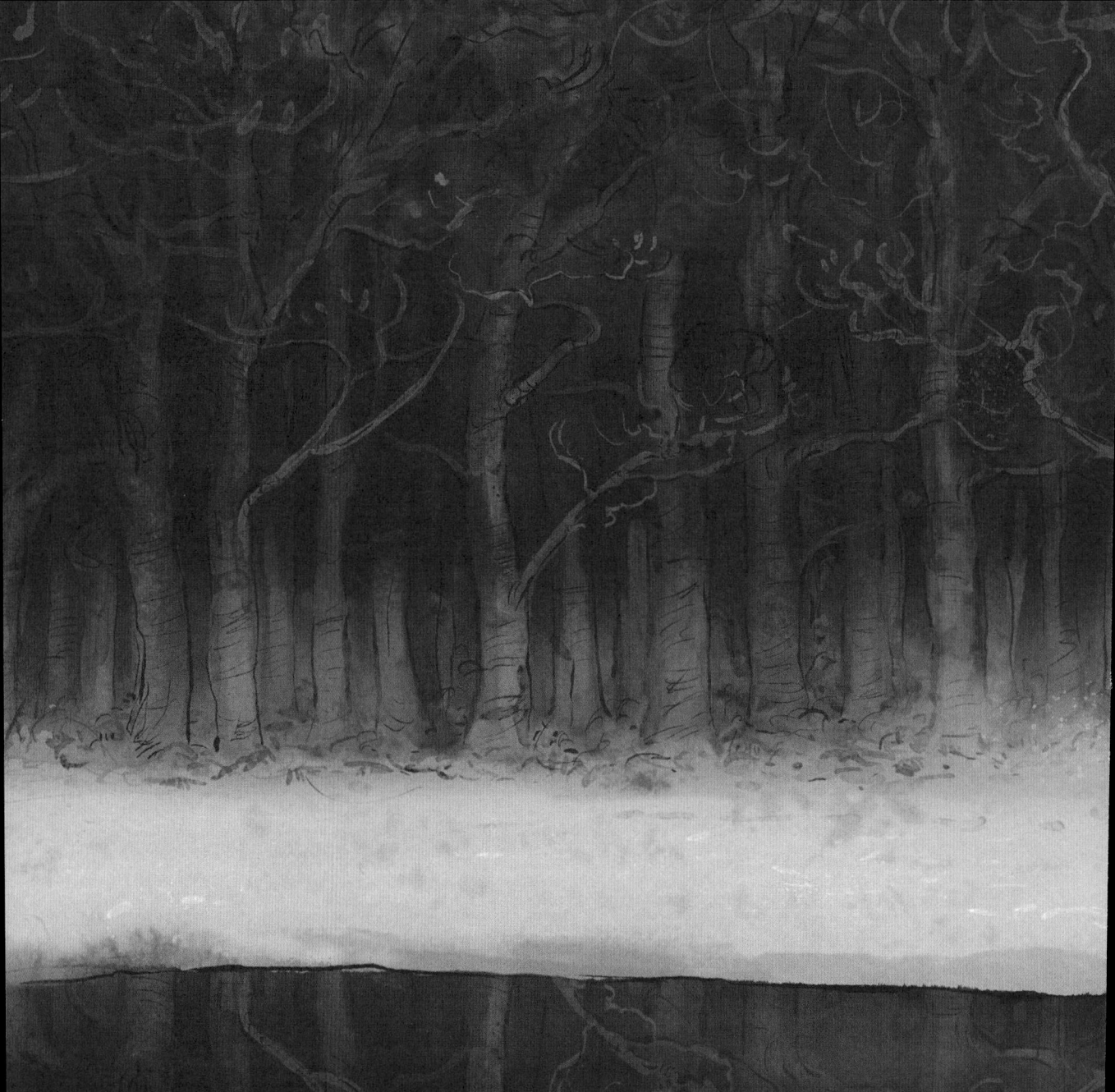

"Look. There it's!"
said the horse.

"Ye've foond it!"
said the laddie.

"It looks like a hame, does it no?" said the laddie.

"Weel," said the mowdie, "that's hit, then."

"Thank ye," said the laddie.

"Cheerio."

"A yewis mind, ye're eneuch jist as ye are," said the tod.

"I'm gled we're aw here,"
said the mowdie.

"I'm awfie gled ye're here and aw."

"Cheerio," said the laddie.

"I'm really gonnae miss ye."

"Hame isnae ayewis a place, eh no?"

"Weel, this is waarum," said the mowdie.

"And awfie kind," reponed the tod.

"And look at the staurs," said the cuddie.

"Sae, ye ken aw aboot me?" spired the laddie.

"Aye," reponed the cuddie.

"And ye aye love me?"

"We love ye even mair."

"That's why we're aw here, is it no?"
said the laddie.

"For cake?" spiered the mowdie.

"Tae love ... and tae be loved."

THE BOY, THE MOLE, THE FOX AND THE HORSE

A Matthew Freud Production | *A Charlie Mackesy Film*

Directed by
PETER BAYNTON &
CHARLIE MACKESY

Produced by
CARA SPELLER
MATTHEW FREUD
J.J. ABRAMS & HANNAH MINGHELLA

Adapted by
JON CROKER & CHARLIE MACKESY

Art Director
MIKE McCAIN

Background Artists
JULIEN DE MAN
YINFAOWEI HARRISON
SUZIE KELLETT
LIA MCHEDLISHVILI
ALEXANDRIA NEONAKIS
ŁUKASZ PAZERA
ROMY YAO
JENNY YU

Visual Development
PETER BAYNTON
MIKE McCAIN
ANDREA MINELLA
TIM WATTS

Story Artists
PETER BAYNTON
ANDREW BROOKS
KARTIKA MEDIANI
WILLIAM SALAZAR
ROB STEVENHAGEN
ARJAN WILSCHUT

Layout Artists
MARCO CASTIELLO
NORBERT MAIER
SERGIO MANCINELLI
LIA MCHEDLISHVILI
NEAL PETTY
HANNES STUMMVOLL

Animation Supervisors
TIM WATTS
GABRIELE ZUCCHELLI

Animators
MARLÈNE BEAUBE
JEREMIE BECQUER
MURRAY DEBUS
TIM DILLNUTT
GARY DUNN
BISHOY GENDI
DARYL GRAHAM
REG ISAAC
LAURENT KIRCHER
PETER LOWEY

Animators – continued
ANDY McCOLL MCPHERSON
FERNANDO MORO
WILLIAM SALAZAR
MARIO SERRANO HERVAS
ANDREA SIMONTI
MARIA TORREGROSA DOMENECH
THIERRY TORRES RUBIO
TIM WATTS
ANDREAS WESSEL-THERHORN
PAUL WILLIAMS
GABRIELE ZUCCHELLI

FX Animator
RAYMOND PANG

Clean Animation Supervisor
SETAREH ERFAN

Lead Key Ink Animator
ANDREA MINELLA

Clean Animation Leads
DAVID LEICK-BURNS
JAY WREN

Key Ink Animators
JUDIT BOOR
KATERINA KREMASIOTI
JESSICA LESLAU
ALISON OXBORROW
PATRICK SELBY

Clean Animation Artists
CHRISTOPHER ABOIRALOR
MAGUI ALONSO
ALEXANDRA SASHA BALAN
NILI BHAVSAR
BEATRICE BORGHINI
VICTORIA BUDGETT
RON CHEVARIE
HARRY DAVIDSON
ANGELINE DE SILVA
LOIS DE SILVA
NICOLA JANE FRANCIS
ANDREA FRIEDRICH
GERRY GALLEGO
PAFO GALLIERI
RAQUEL JUAN MAESTRE
LAUREN KIRKWOOD
SAFFRON MACKIE
LISA O'SULLIVAN
NATASHA POLLACK
GEMMA ROBERTS
ESTEFANÍA ROMÓN
CLARA SCHILDHAUER
KATHERINE SPANGENBERG
CRISTINA URSACHI
ASH J. WU

Clean Animation Artist – Tones
KATARZYNA MENCFEL-WENGLARCZYK

Clean Animation Artists – Mattes
LEROY AYTON
LEWIS CAMPBELL
JACK LANGRIDGE GOULD
WAYNE MASLIN
MONICA SCANLAN
FABIOLA TENORIO

Clean Animation Artists – Shadows
JENNIFER DUCZMAL
ANDREW STADLER
DAVID WEGMANN-SERIN

Lead Compositor
NICK HERBERT

Compositors
MARTIAL COULON
VALÉRIE GUICHARD
NAYRA PARDO ONATE
JOHNNY STILL

Line Producers
DIMITRI ANASTASAKIS
ELLEN COLLINS

Production Managers
DELPHI LYTHGOE
JULIE MURNAGHAN

Production Coordinator
ANNA FITZSIMONS

Additional Production Support
LIZ MACKE

Production Accountant
IWONA SOBIECKA

Development Coordinator
DELPHI LYTHGOE

VFX Supervisor
NEIL RILEY

Specialist Systems Support
BENEDICT WOOD

Editor
DANIEL BUDIN

Music Composed by
ISOBEL WALLER-BRIDGE

*Sound Designer, Sound Mixer
& Sound Editor*
ADRIAN RHODES

Colourist
THOMAS URBYE

Acknowledgements

There are that mony incredible folk that contributit tae this book, it's haurd tae ken whaur tae stert. Thank ye – Matthew, Callan, Helen, Rhydian and Louise. Tae the michty Colm, that shewed the buik thegither. ♡

Thank ye tae the haill film team that stertit aff as colleagues and endit up as freends; Cara, Peter, Delphi, Mike, Seti, Tim and Gabriele, Nick, Andrea, Julie, Dimitri, Daniel, Jon, Iso and Richard, Laura, Joel, Alice, Lucy, Becky and Lara. JJ, Hannah and John, forby. Thank ye. 🍵 ♡

Tae awbody on social media for yer enthusiasm.

And tae Sara, Christopher and Daisy, and Barney, Gracie and ma bonnie couthie maw. ♡

Lastly, ma thanks tae you, the reader.

x

COMMITTED TO PUBLISHING WELL WRITTEN BOOKS WORTH READING

SCOTS EDITION FIRST PUBLISHED IN 2022

10 9 8 7 6 5 4 3 2 1

LUATH PRESS LTD
543/2 CASTLEHILL
THE ROYAL MILE
EDINBURGH EH1 2ND

WWW.LUATH.CO.UK

FIRST PUBLISHED IN ENGLISH IN THE UK IN 2022 BY EBURY PRESS

EBURY PRESS IS AN IMPRINT OF EBURY PUBLISHING,
20 VAUXHALL BRIDGE ROAD, LONDON SW1V 2SA

EBURY PRESS IS PART OF THE PENGUIN RANDOM HOUSE
GROUP OF COMPANIES WHOSE ADDRESSES CAN BE
FOUND AT GLOBAL.PENGUINRANDOMHOUSE.COM

THE AUTHORISED REPRESENTATIVE IN THE EEA IS
PENGUIN RANDOM HOUSE IRELAND, MORRISON CHAMBERS,
32 NASSAU STREET, DUBLIN D02 YH68

COPYRIGHT © WELLHELLO PUBLISHING LIMITED
FILM ARTWORKS BY WELLHELLO PRODUCTIONS LIMITED
FONT COPYRIGHT © CHARLIE MACKESY
FONT CREATION: WILLIAM COLLINS
SCOTS TRANSLATION: MATTHEW FITT

CHARLIE MACKESY HAS ASSERTED HIS RIGHT TO BE IDENTIFIED AS THE AUTHOR OF THIS
WORK IN ACCORDANCE WITH THE COPYRIGHT, DESIGN AND PATENTS ACT 1988

A CIP CATALOGUE RECORD FOR THIS BOOK
IS AVAILABLE FROM THE BRITISH LIBRARY

ISBN 978-1-80425-045-7

DESIGN BY COLM ROCHE AT IMAGIST
COLOUR ORIGINATION BY ALTAIMAGE, LONDON
PRINTED AND BOUND BY FIRMENGRUPPE APPL,
APRINTA DRUCK, WEMDING, GERMANY

THIS BOOK IS MADE FROM FOREST STEWARDSHIP COUNCIL® CERTIFIED PAPER

TYPESET BY MAIN POINT BOOKS, EDINBURGH